LA MÉTHODE GERALD

PAR GERALD MICHIARA
AVEC LA PARTICIPATION DE JEAN-YVES KATELAN

AMÉLIORER SA PERFORMANCE SPORTIVE

DBS

Je remercie les autorités militaires qui ont autorisé la publication de cet ouvrage ; le général Cyrille YOUCHTCHENKO commandant la Légion étrangère ; le Colonel Louis-Charles DESROUSSEAUX de MEDRANO commandant du 1er Régiment étranger.
Je remercie aussi, mon ami, Thomas Rainieri, qui a réalisé les photos et les vidéos de cet ouvrage. Sportif exceptionnel et réalisateur de génie, Thomas RAINIERI est vidéaste, photographe, Youtubeur et Instagrameur !

https://www.youtube.com/@ThomasRainieri

@thomasrainieri

Rue de Bosquet, 7
B-1348 Louvain-la-Neuve

Maquette intérieure et mise en page : Primo & Primo

Dépôt légal :
Bibliothèque nationale, Paris : janvier 2025
Bibliothèque royale de Belgique, Bruxelles : 2025/13647/004

ISBN : 978-2-8073-6100-3

LES 10 COMMANDEMENTS DE LA MÉTHODE GÉRALD

1. Souffler (expirer) durant l'effort.
2. Travailler les mêmes muscles tous les jours ne permet pas de progresser, on risque de se blesser.
3. Toujours bien s'échauffer et adapter l'échauffement à la séance. On s'échauffe avec des poids plus légers. Le temps de récupération entre les exercices est consacré à l'échauffement pour l'exercice suivant.
4. Travailler sans à-coup, sans forcer, sans jamais avoir mal : stopper immédiatement en cas de douleur.
5. Sélectionner les exercices qui nous conviennent. Adapter les exercices à ses capacités – et non l'inverse.
6. Lors du travail avec des barres sur des exercices qui peuvent engager la sécurité, il faut « verrouiller » la position : les pouces viennent se refermer sur les index.
7. Toujours contrôler sa charge et accompagner la barre.
8. S'étirer en fin de séance
9. Manger protéiné, s'hydrater tout au long de la journée
10. Se reposer après l'effort. Dormir – ou au moins s'allonger. Ne rien faire, c'est déjà récupérer.

GÉRALD MICHIARA

PALMARÈS ET ÉLÉMENTS BIOGRAPHIQUES

Naissance le 10 décembre 1972 à Biarritz d'une famille paternelle d'origine italienne.

DIPLÔMES SPORTIFS

– Brevet d'État d'éducateur sportif du 1er degré d'activités pour tous (BEESAPT) « par équivalence militaire (BSTAT EPMS) » ;

– Brevet d'État d'éducateur sportif du 1er degré aux activités de la natation (BEESAN) ;

– Certificat d'aptitude à l'exercice de la profession de maître-nageur sauveteur (CAEP-MNS) ;

– Brevet professionnel de la jeunesse, de l'éducation populaire et du sport (BPJEPS) mention Boxe ;

– Brevet professionnel de la jeunesse de l'éducation populaire et du sport (BPJEPS) mention Sports de contacts et disciplines associées ;

PARACHUTISME SPORTIF Brevet B ;

PLONGÉE SOUS-MARINE Niveau III (par équivalence militaire).

PALMARÈS SPORTIF

1988 Championnat de France de Sambo : 5e place

1989 Championnat de France de Sambo : 3e place

1990 Championnat de France de Lutte Libre : 2de place (catégorie junior de moins de 74 kg)

1996 Record du parcours du combattant de la Légion Étrangère (2 min 42 s) au 4e Régiment étranger à Castelnaudary,

1999 Championnat régional d'athlétisme en Corse sur le 400 m : 1re place

2006 Championnat de zone amateur en Kick-Boxing : 1re place

2007 Championnat de France de kick-Boxing : 2de place (catégorie moins de 85 kg)

2007 Open de France de boxe américaine : 1re place (catégorie moins de 81 kg)

2008 Championnat de France de full-contact : 1re place (catégorie moins de 81 kg)

2008 Coupe de France de full-contact : 1re place (catégorie moins de 81 kg)

2009 Championnat de France de full-contact (moins de 81 kg) : 1re place

2009 Championnat du Monde WAKO de full-contact (équipe de France moins de 81 kg) : quart de finale

2010 Championnat d'Europe WKN de full-contact : 2de place (moins de 82,2 kg)

2010 Coupe de France de full-contact : 1re place (catégorie moins de 81 kg)

2011 Championnat de France de K1 : 1re place (moins de 86 kg)

2011 Coupe de France de K I : 1re place (catégorie moins de 86 kg)

2011 Championnat de France de full-contact : 1re place (moins de 81 kg).

2011 Championnat du Monde WAKO de K1 (équipe de France moins de 81 kg) : quart de finale

2012 Championnat d'Europe ISKA de full-contact : 1re place (catégorie moins de 81,6 kg)

MÉDIATISATION

2017 Conduite d'une journée d'aguerrissement pour l'équipe de France de judo avec Teddy Riner (Première apparition médiatisée en qualité de moniteur militaire de sport)

2017 Participe à l'émission de sports extrêmes « Riding Zone » Toute première vidéo du « Major Gérald »

2018 ET 2020 Collaboration du « Major Gérald » avec Clément Dumais et Paul Roux dit Buisson du collectif « Hit the Road » sur une série de vidéos YouTube

2019 Premier tutoriel de sport sur YouTube en tant que « Major Gérald » produit par la Légion étrangère

2020 Collaboration de vidéos avec le magazine Karaté Bushido et avec le combattant GregMMA

2021 Parution du livre « Major Gérald » aux éditions Solar

2021-2025 Depuis 2021 poursuite des tutoriels de sport en Major Gérald sur la chaîne YouTube de la Légion étrangère.
Animation des contenus personnels, chaîne YouTube, TikTok et Instagram Gérald MICHIARA.

PARCOURS D'UN COMBATTANT

EN QUETE DE PERFORMANCE JE VOULAIS DEVELOPPER TOUTES LES QUALITES PHYSIQUES AVEC EN LIGNE DE MIRE, LA FORCE, LA PUISSANCE ET LA VITESSE !

« Ce programme, je l'ai mis au point et je l'ai testé sur moi-même pendant des décennies. Mais j'ai presque toujours dû m'entraîner seul. Pas de coach, ni d'entraîneur, aucun suivi particulier. J'ai toujours cherché à pousser plus loin. De ce fait, j'ai commis des erreurs. En 2001, j'ai frôlé la catastrophe. Cette erreur m'a permis de comprendre l'incontournable nécessité de la récupération et du repos. Je peux aujourd'hui mettre à profit cette expérience et la transmettre. »

UN MODE DE VIE CENTRÉ SUR L'ENTRAÎNEMENT ET LE DÉPASSEMENT DE SOI. TOUJOURS S'ENTRAÎNER, NE JAMAIS S'ARRÊTER !

Mon père était un athlète militaire. C'était une star du parcours du combattant dans les années 1960, à l'époque où le pentathlon militaire était à son apogée. C'est lui qui, très tôt, m'a inculqué ce mode de vie, centré sur l'entraînement.

C'était un des meilleurs du monde au parcours du combattant réglementaire français ; concrètement, ça veut dire qu'il faisait des chronos inférieurs à 2 minutes 25 secondes – en gardant en tête qu'un temps inférieur à 3 minutes, c'était déjà une référence. Ils n'étaient qu'une poignée à avoir des temps de ce calibre. L'équivalent actuel, ce serait de courir le 100 mètres en moins de 10 secondes.

Le parcours du combattant est une épreuve militaire qui consiste en une course de 500 mètres, ponctuée de 20 obstacles de trois dimensions : hauteur, profondeur et longueur. Ces obstacles représentent ceux que le combattant va rencontrer au cours de sa progression. C'est un entraînement qui, au travers des difficultés qui jalonnent la progression, permet de gagner en rusticité et en agilité.

« Le parcours du combattant est une épreuve qui permet de gagner en rusticité et en agilité. »

Après la Deuxième Guerre mondiale et la guerre d'Indochine, pour relancer l'entraînement physique et le sport au sein des troupes, le commandement a organisé la pratique du pentathlon militaire. Une discipline sportive qui, comme son nom l'indique, comporte cinq épreuves : une épreuve de tir à 200 m (précision, vitesse) ; une course d'obstacles (le « parcours du combattant ») ; une épreuve de natation (50 mètres avec 4 obstacles) ; une épreuve de jet (lancer de grenade) ; et une épreuve de course à pied (un cross de 8 kilomètres en tenue de sport). Le but, c'était d'être le plus complet possible, mais l'épreuve reine, c'était le parcours du combattant. Cette discipline a suscité une grande émulation dans les armées. Les championnats de France de pentathlon militaire, c'était le grand évènement de l'année et les membres des équipes régimentaires étaient de véritables dieux vivants !

Sur le parcours du combattant, mon père était particulièrement fort au franchissement d'obstacle. En comparaison - parce que nos proches et nos amis ont toujours comparé nos performances respectives - j'ai fini par être plus rapide en vitesse de pointe et plus puissant. Mais j'étais moins agile et moins félin sur l'obstacle. Quand j'avais 22 ans, il en avait 55, sur des obstacles très techniques - comme les plots, l'espalier ou le « dessus-dessous », il pouvait me prendre 50 à 80 centièmes de seconde par obstacle. C'est considérable !

Pour travailler l'agilité, il faut répéter le franchissement de l'obstacle et assimiler la technique. Mais il y a aussi les facultés naturelles, mon père était croisé avec un félin.

> « Pour travailler l'agilité, il faut répéter le franchissement de l'obstacle et assimiler la technique. »

Les compétitions ont cessé dans les années 1970 - le commandement ne voulant pas d'une « élite sportive » - mais l'esprit et la pratique des épreuves ont perduré pendant encore quelques années.

À la fin des années 1970 nous habitions Bayonne, mon père venait de prendre sa retraite militaire après une carrière de 21 ans. Il était resté particulièrement attaché à son régiment de cœur, le 1er RPIMa. En tant qu'ancien et « jeune réserviste », il avait accès au régiment et aux installations sportives, il me prenait avec lui lors de ses séances d'entraînement et c'est ainsi que très tôt, le parcours du combattant était devenu mon terrain de jeu favori ! Mon père était passionné par le sport et m'a transmis cette flamme en m'emmenant partout dans son sillage.

J'ai toujours suivi son exemplarité et cet état d'esprit de dépassement de soi, mais toujours avec l'humilité. Enfin, il disait, « si quelqu'un est meilleur que toi, tant mieux pour lui, il faut s'entraîner pour progresser ».

LA QUÊTE DE PERFORMANCE ET LA DÉCOUVERTE DE LA MUSCULATION

J'ai commencé le judo à l'âge de 5 ans. J'ai enchaîné avec le karaté et l'aïkido. J'ai pratiqué ces trois sports, jusqu'à l'âge de 11 ans. À l'école, je pratiquais différents sports et je gagnais régulièrement le cross de l'établissement. À 11 ans, je suis entré en école militaire. Durant les quatre années passées au collège militaire d'Autun, j'ai pu pratiquer plusieurs disciplines sportives. Entre 15 et 17 ans, j'ai passé un an et demi dans le civil, où j'ai participé à beaucoup de compétitions : en judo, en lutte libre et en sambo (un mélange de lutte, boxe et judo). Au cours de cette période, je suis allé jusqu'à la ceinture marron en judo, j'ai fait des podiums départementaux et régionaux, mais sans réussir à me qualifier pour les championnats de France. En sambo, j'ai remporté des titres départementaux et régionaux et j'ai été troisième aux championnats de France. En lutte libre, j'ai remporté des titres départementaux, régionaux, le championnat inter-régions et j'ai fini deuxième au championnat de France.

Aujourd'hui, je me définis davantage comme un boxeur pieds-poings. C'est le sport dans lequel je suis allé le plus loin en compétition. Même si j'en éprouve un mélange de fierté et d'amertume : on m'a découvert tardivement sur la boxe, j'ai commencé bien trop tard. Je n'ai rencontré mon premier véritable entraîneur et manageur qu'à 33 ans, en 2005 ; c'était Monsieur Molina, du Ring olympique marseillais. Quand je l'entendais dire que « si j'avais démarré plus tôt, j'aurais pu prétendre au titre de champion du monde des mi-lourds », forcément, ça me donnait quelques regrets.

« Aujourd'hui, je me définis davantage comme un boxeur pieds-poings. »

Je suis entré à l'armée, dans la Légion étrangère, à 17 ans. On y travaillait le combat corps à corps bien sûr, mais pas vraiment la boxe. Au régiment, il y avait un club de full-contact, créé par mon ancien officier des sports, l'adjudant-chef Jean-Noël Giorgi, c'est lui qui m'a formé par la suite comme moniteur de sports. J'ai fait quelques séances et quelques stages de boxe pieds-poings au 2e REP à Calvi, dans le courant des années 1990. Mais avec l'enchaînement des missions, des stages et la vie militaire, il était difficile d'aller régulièrement aux entraînements du soir. En tant que militaire, on avait un bon physique, mais on n'était pas des spécialistes. C'est au travers du stage de moniteur de sport militaire, à la fin des années 1990, que j'ai été repéré. Il y avait des cycles de boxe. C'est là que tout a commencé.

J'ai toujours été en quête de performance. Quel que soit le sport. D'autant plus qu'à l'armée, il y a toujours une émulation. Dans les challenges de natation ou de sprint, je cherchais toujours à être parmi les plus rapides. À l'armée – et particulièrement à la Légion –, il y a cet état d'esprit qui fait qu'on ne cherche pas forcément à être le meilleur dans un seul sport, mais à être très bon partout. On recherchait la polyvalence, pour être un commando efficace sur le terrain. Cependant, nos séances de sport étaient assez décousues : nager, courir, faire des pompes, des tractions... Jusqu'à l'âge de 15 ans, je ne faisais que des pompes et des tractions. Après une compétition de lutte libre où j'avais eu beaucoup de difficultés – les adversaires étant très forts –, l'entraîneur du club olympique bayonnais où j'évoluais en lutte et en sambo, M. Daniel Delprado, m'a dit : « Tes pompes et tes tractions, c'est bien, mais si tu veux rivaliser avec ces combattants, tu dois te mettre toi aussi à faire de la musculation ». Six mois plus tard, à un peu plus de 16 ans, je soulevais 100 kg au développé-couché et au tirage buste penché. La musculation était devenue plus qu'une passion, c'était une révélation !

« À un peu plus de 16 ans, je soulevais 100 kg au développé-couché. »

La musculation, c'est ce qui permet d'être complet, parce qu'on y développe l'ensemble du corps. C'est au cours de ma formation de moniteur de sport à partir de 1997, que j'ai acquis les connaissances et les compétences techniques qui m'ont permis de progresser, notamment dans la conception même des entraînements.

C'est aussi l'époque où, pour approfondir mes connaissances, j'ai commencé à lire des magazines de musculation, et en particulier Muscle & Fitness – il n'y avait pas encore Internet. Dès qu'on en avait l'occasion, on achetait le dernier numéro. C'est là que je suis tombé sur des programmes d'entraînement de type « athlète multisport » ; j'ai trouvé des séances intéressantes, notamment sur la pliométrie, l'explosivité....

J'ai commencé à créer des séances pour moi-même, avec un programme adapté à ma vie de légionnaire. Les programmes d'entraînement qui était proposés dans le magazine, je n'avais pas la liberté de les suivre, car je n'en avais pas le temps. En mission, on peut rester plusieurs jours, voire plusieurs semaines sans faire de sport. Et ensuite on reprend les activités avec les contraintes et le service.

C'est ainsi que je me suis mis à établir mes propres séances d'entraînement, par rapport au temps disponible et à mon niveau de

« Je me suis mis à établir mes propres séances d'entraînement, par rapport à mon emploi du temps et mon niveau de fatigue. »

fatigue. La principale contrainte, c'était l'emploi du temps, parce qu'à l'époque, je ne faisais pas du tout de compétition. Je ne savais même pas que je boxerai un jour en compétition. Je m'entraînais pour être le plus performant possible, sans cibler un sport particulier.

Le côté esthétique comptait aussi. On était content d'être beau gosse. Ce n'était pas pour la « frime », mais on ne peut pas faire abstraction du côté esthétique.

J'ai toujours recherché la puissance. C'était cela, ma quête. Avec des exercices de base comme le développé-couché, ou les concours « maxi » » entre copains.

Je suis rentré de la formation de moniteur de sport militaire en mars 1998, suite à quoi j'ai été officiellement affecté au bureau des sports.

À partir de cette période, j'ai pu disposer d'un peu plus de temps pour m'entraîner personnellement. C'était essentiellement le soir où j'avais la possibilité de faire mes propres séances, tout en restant vigilant et en surveillant l'intensité pour garder de l'énergie pour le lendemain.

À cette époque, le bureau des sports était lourdement mis à contribution dans l'entraînement des unités et du personnel, j'encadrais beaucoup de séances avec de nombreuses démonstrations, il fallait être performant !

De plus, je partais souvent pour des missions ou des exercices en étant détaché dans d'autres unités. Cette période a été très intensive physiquement. Par exemple, j'ai été détaché comme chef de groupe d'une compagnie de combat pour une mission en ex-Yougoslavie, de juillet à décembre 1999, l'entraînement était réduit au minimum, avec des exercices au poids du corps (pompes, tractions, abdominaux...) lorsque le temps l'autorisait.

Étant militaire, j'ai toujours dû jongler entre mon entraînement personnel et le fait d'entraîner les autres. Ce n'est que depuis 2014-2015, depuis que je suis en régiment d'instruction, que je dispose d'une cellule des sports conséquente, avec des moniteurs sous mes ordres.

« Étant militaire, j'ai toujours dû jongler entre mon entraînement personnel et le fait d'entraîner les autres. »

En tant qu'instructeur, ma priorité, c'est que les gens apprennent. Quand je donne un cours, quel que soit le type de séance (natation, sport de combat, parcours ou autre), je ne viens pas pour montrer que « moi, je sais faire » mais pour leur transmettre quelque chose. Lorsqu'ils réalisent les exercices que je leur propose, je viens apporter des corrections et des moyens pour évoluer.

Par exemple : un novice en sport de combat. Le gars n'a jamais mis ni pris une baffe de sa vie. Il faut tout lui apprendre : à se mettre en garde et à se déplacer. Sur une saisie, un étranglement, on lui apprend comment se libérer. Ça lui plaît, ça l'intéresse, il a les yeux qui brillent... Un cap vient d'être franchi.

Les vidéos de démonstration que vous pouvez retrouver sur YouTube ou Instagram, je les ai tournées avec cet état d'esprit.

LA RECHERCHE DES LIMITES ET L'IMPORTANCE DE LA RÉCUPÉRATION

Mon grand regret, c'est que je ne suis jamais vraiment allé au bout de mes limites. Je n'ai jamais pu m'entraîner *à fond*. Je n'ai jamais eu la possibilité d'avoir un suivi d'athlète de haut niveau, en particulier pour le sommeil et le repos, du fait de mon activité militaire.

Dans la journée, je faisais le travail, je donnais des cours. Et le soir, j'allais à l'entraînement, en général de 19h à 21h/21h30. Et le lendemain, à 6h, j'étais debout, pour être en place à 6h30/7h. Or, je n'étais pas un couche-tôt. En fait, ce qui m'a toujours manqué, c'est du temps de récupération. C'est essentiellement pour cette raison que je n'ai pas pu pousser mes performances jusqu'au bout. C'est ce qui m'a empêché de franchir certains caps.

Dans l'armée, il existe le statut de SHND (sportif de haut niveau de la défense), mais je n'y étais pas éligible parce que le sport que je pratiquais, la boxe pieds-poings, ne faisait pas partie des disciplines qui offraient l'accès à ce statut. J'ai commencé à être athlète de compétition en boxe pieds-poings fin

> « Ce n'est donc qu'à partir de 33 ans que j'ai vraiment fait de la compétition en étant militaire. »

2005. Ce n'est donc qu'à partir de 33 ans que j'ai vraiment fait de la compétition en étant militaire. J'ai participé aux coupes du monde 2008 et 2009 de full-contact et aux championnats du monde en 2009. Quand je suis arrivé à maturité, que j'étais vraiment en train de m'adapter à la boxe et que je commençais à bien comprendre les rouages du combat, en 2011-2012, c'est là que j'ai été muté. Ce sont mes obligations professionnelles qui m'ont obligé à interrompre ma carrière sportive.

NE RIEN FAIRE, C'EST DÉJÀ RÉCUPÉRER

Pour continuer à m'entraîner, j'ai fini par établir un programme sur 6 semaines, avec 6 séances par semaine. Un système un peu hybride entre la musculation et le sport de combat. Une séance, en moyenne, c'était 2 heures, généralement, en fin d'après-midi début de soirée. Le problème, c'est que quand on finit une séance d'entraînement à 21/21h30, on n'a pas forcément l'envie ni l'énergie d'en refaire une à 7h du matin ; mais à cette époque, c'était l'heure à laquelle j'encadrais les séances d'entraînement pour les militaires. S'entraîner deux fois par jour, c'est possible pendant une période assez courte, et à condition de disposer de beaucoup de temps de récupération. J'ai essayé de le faire en conservant mon rythme habituel, mais c'est comme ça que j'ai enchaîné quelques mauvaises blessures.

« Il faut faire attention à ce que l'on mange ; mais surtout, il faut se reposer. »

Pour se remettre de ses efforts physiques, Il est impératif d'avoir une alimentation saine et équilibrée ; mais surtout, il faut se *reposer*. « Ne rien faire, c'est déjà récupérer ». C'est le sergent-chef Philippe Kaminski, instructeur spécialisé en boxe anglaise, qui nous a enseigné cet adage lors du stage de moniteur de sport à l'EIS (école interarmées des sports) de Fontainebleau.

La règle de base, c'est 8 à 10 heures de sommeil par tranches de 24 heures. Il faut aussi faire la sieste, essayer de couper. Les meilleures heures de sommeil, celles où le corps se répare le mieux, c'est le soir entre 20 heures et minuit, et entre midi et 16 h. Quelqu'un qui se couche à 21h30 et qui dort jusqu'à 6h du matin, c'est formidable. Mon rythme, c'est plutôt coucher vers 23h30/ minuit et réveil vers 5h/5h30...

Midi-16h, c'est la plage de la sieste. Il ne s'agit pas de dormir de midi à 16h, mais c'est la meilleure tranche de récupération.

Si j'en ai l'opportunité, j'essaie de faire une sieste entre 13h00 et 13h30.

Dans l'hypothèse où on peut dormir de 22 à 6h du matin et faire une sieste de 13 à 14h, ça fait 9 heures de récupération par tranche de 24 heures. Même si on ne dort pas, le simple fait d'être allongé permet de récupérer. À ce rythme, on peut demander à son corps des efforts intensifs. Mais si on écourte la phase de récupération, on risque la contre-performance et la blessure.

SAMEDI, LE JOUR DE REPOS

À l'époque où je suivais mon programme d'entraînement sur 6 jours par semaine – actuellement, je fais plutôt 4 séances par semaine au lieu de 6 –, mon jour de repos, c'était le samedi. Je profitais du dimanche pour faire la séance la plus intensive de la semaine. Je la faisais en fin de matinée, pour pouvoir récupérer le dimanche après-midi et le soir, avant de reprendre le lundi.

Même avec 6 séances par semaine, ça reste compatible avec une vie de famille. Je m'entraîne le soir en club ou en fin d'après-midi à la caserne. Et la séance du dimanche, je la fais chez moi. Je fais de la musculation avec des poids ou du sac de frappe dans le garage, de la corde à sauter, de la course...

La durée des séances d'entraînement est variable en fonction de la séance en elle-même, mais il y a des constantes : l'échauffement, la montée en gamme progressive, le retour au calme. En moyenne, il faut tabler sur 1h00 à 1h30. Pour des séances de volume, on peut monter jusqu'à plus de 2h00.

LE TOURNANT DE 2001 : LE SURENTRAÎNEMENT

Il y a une force qui vient de soi-même : j'ai besoin de m'entraîner. C'est physique, c'est physiologique, c'est psychologique. Si je ne suis pas à l'entraînement, je ne suis pas content. J'ai cette nécessité permanente d'aller à l'entraînement. Je n'ai pas vraiment de clémence envers moi-même. Je me suis déjà blessé à cause de ça. Mais ce sont ces expériences, parfois malheureuses, qui m'ont permis de mettre au point ce système d'entraînement.

Quand nous étions jeunes militaires, tous les matins on devait s'entraîner, courir : footing entre 45 minutes et une heure. Souvent, avant d'aller déjeuner, on faisait ce qu'on appelait « l'apéritif », des séries de pompes, de tractions et d'abdominaux. Le soir, j'allais à la musculation ou je retournais courir, avec éventuellement quelques grimpers de corde. Donc ça pouvait monter jusqu'à 2-3 séances par jour sans que je m'en rende compte. Mais, on était jeune, on récupérait... Quand, après avoir acquis quelques connaissances, j'ai cherché à m'entraîner un peu plus dur, très vite, je me suis mis à ressentir beaucoup plus de douleurs.

En 2001, je ne pouvais pas faire une séance sans me faire mal quelque part. On était à Calvi. Un soir, un copain qui n'avait pas de voiture m'a demandé de l'emmener en ville, chez un docteur civil, qui recevait sans rendez-vous. J'en ai profité pour voir ce médecin et lui expliquer mon cas.

Il m'a demandé ce qui m'amenait, je lui ai expliqué que j'avais tout le temps une douleur ou une blessure qui se déclenchait quelque part lorsque je m'entraînais. Il me demande de me déshabiller – à l'époque, je faisais pas mal de musculation et j'étais assez costaud. Il s'est exclamé : « Vous êtes bien balèze, vous ! Vous avez pris des produits ? » J'ai répondu que je n'avais jamais pris de produits, que j'avais toujours été naturel ; des protéines oui, mais jamais de produits dopants. Il insista. « Vous êtes sûr ? Parce qu'avec votre physique... » Je lui explique que j'ai fait du sport toute ma vie, que je suis un ancien judoka. Il répond : « Très bien. Alors je pense que vous êtes en surmenage. On va faire une analyse de sang ».

UNE SÉANCE PAR JOUR : LA RENAISSANCE

Quand nous avons reçu les résultats de l'analyse, on a constaté que je n'avais plus de créatine phosphokinase (CPK) dans le corps ; c'est l'enzyme responsable de l'énergie dans la cellule musculaire. Le médecin m'a dit « Pendant 5-6 semaines, vous ne faites rien. Aucun entraînement. Repos complet. Sinon, vous risquez une grave blessure, un lourd handicap à l'avenir... » En fait, il m'a expliqué que mon corps était épuisé. Et il m'a prescrit une cure de vitamines et de minéraux, préparée en pharmacie.

> *« Les symptômes du surentraînement : baisse d'envie et de performance, et une lassitude à l'entraînement. »*

Normalement, les symptômes du surentraînement, c'est une baisse d'envie, une lassitude à l'entraînement, une baisse de performance. Pour ma part, une fois que j'étais échauffé, c'était parti, j'avais envie de m'entraîner ; et je ne constatais pas vraiment de baisse de performance : mes temps de passage sur le stade aux 400 mètres étaient bons, mes charges en musculation étaient les mêmes... En revanche, j'avais des douleurs et des petites blessures. Pour un moniteur de sport militaire, c'est un problème.

J'ai fait ce qu'il m'a dit. J'ai stoppé tout entraînement personnel pendant 5 semaines, même si j'ai continué d'animer les séances en tant que moniteur. J'ai arrêté de faire plusieurs séances par jour, comme c'était mon habitude. Je me suis mis à faire une seule séance par jour, mais de qualité. Avec un jour de repos par semaine.

Ça a été comme une renaissance, à la fois militairement et sportivement. J'ai arrêté de trop tirer sur l'organisme.

LES BONS PRINCIPES

La méthode que je présente dans ce livre représente la quintessence de trois décennies d'essais, d'erreurs, de réflexion et d'expérience.

Il s'agit d'un programme d'entraînement établi sur 6 semaines et renouvelable. Après un cycle de 6 semaines, faire une semaine de décharge à l'issue du programme, c'est-à-dire une semaine d'entraînement à faible intensité pour repartir sur un nouveau cycle.

J'y détaille les exercices musculaires à effectuer en salle, avec des poids, des haltères, une barre, une corde à grimper, une corde à sauter, du matériel simple.

Ce travail en salle est associé à un travail de fond sur piste ou en extérieur, avec un programme détaillé de course à pied.

LES PRINCIPES FONDAMENTAUX DE CE PROGRAMME SONT LES SUIVANTS :

▷ **Un bon échauffement** est fondamental et indispensable. Avant chaque séance d'entraînement, échauffez-vous systématiquement pendant au moins 10 à 15 minutes, avec des mouvements spécifiques à la séance et aux exercices.

▷ Ce programme est **ambitieux mais modulable.** Les caractéristiques physiques de chacun sont évidemment différentes. Il ne faut pas hésiter à adapter ce programme à ses besoins et à ses capacités.

▷ Sélectionnez dans ce programme **les exercices qui vous conviennent :** les critères et les limites évidentes sont la douleur et l'ennui. Un exercice ne doit pas faire mal ; une séance d'entraînement ne doit pas être ennuyeuse.

▷ Le programme présenté dans ce livre est **un programme intense, établi sur un rythme de 6 séances par semaine, d'environ 1h30 à chaque fois**. Si vous le jugez trop difficile, vous pouvez bien sûr diminuer le nombre de séances d'entraînement hebdomadaires, ainsi que leur durée. Vous pouvez aussi vous reporter au second volume de cette série, *Se remettre en forme après 40 ans*, j'y présente une façon de s'entraîner qui convient à ceux qui reprennent une activité sportive après une longue interruption ou qui reviennent de blessure. Avec un programme établi sur un rythme de 3 à 4 séances par semaine.

Cette série d'ouvrages renvoie à des vidéos mises à disposition via des QRcodes. Les livres et les vidéos se répondent. Les vidéos illustrent chaque exercice en détail, tandis que les livres permettent de regrouper dans un seul volume toutes les informations utiles sur l'ensemble des exercices d'un programme, sans recours à un écran, ni à une connexion internet. Les **QR codes** que vous trouverez au fil des pages renvoient aux vidéos que j'ai tournées sur les exercices concernés.

N'hésitez pas à me faire part de vos commentaires à l'adresse suivante :

Instagram : @geraldmichiara

QUE LA FORCE SOIT AVEC VOUS !

Gérald Michiara

MON PROGRAMME ATHLÈTE MULTISPORTS

L M M J V S D
Semaines 1 à 6

OBJECTIFS

- **Développer un physique athlétique et harmonieux**
- **Gagner en puissance et en explosivité.**

GRÂCE À :

- **Une prise de masse (plus de volume musculaire)**
- **Une amélioration des qualités physiques : force, puissance, endurance (longue, moyenne ou courte durée) ;**
- **Une perte de poids, un corps plus sec.**

Avant de démarrer ce programme, il est absolument nécessaire d'être préparé physiquement sur les plans musculaire et cardio-vasculaire.

Il est également recommandé de connaître ses capacités de charge en musculation pour travailler selon des pourcentages adaptés à son potentiel.

Au bout de 6 ou 12 semaines, pour continuer à progresser et à optimiser la réaction neuromusculaire, je recommande d'alterner avec un autre programme pour solliciter les muscles de façon différente et éviter la lassitude.

Les exercices de ce programme sont pour la plupart des exercices généraux ou polyarticulaires, qui sollicitent plusieurs groupes musculaires à chaque fois.

6 SÉANCES HEBDOMADAIRES

- **Séance 1 :** Musculation généralisée orientée tirages
- **Séance 2 :** Musculation généralisée orientée développés
- **Séance 3 :** Footing avec variations d'allure
- **Séance 4 :** Musculation généralisée orientée tirages
- **Séance 5 :** Musculation généralisée orientée développés
- **Séance 6 :** Alternance d'allures et fractionné

CONSIGNES GÉNÉRALES

- Avant chaque séance, respecter un échauffement de qualité ;
- Avant chaque exercice, toujours faire des mouvements spécifiques en augmentant progressivement les poids (éviter les blessures) ;
- Terminer une séance d'entraînement par des étirements ;
- Il faut toujours utiliser des charges et des poids que l'on maîtrise parfaitement.
- Ne pas hésiter à alléger les charges ou à se reposer en cas de courbatures persistantes ;
- Surveiller son hydratation et son alimentation en augmentant les apports en eau et en protéines.

ÉCHAUFFEMENT ET FIN DE SÉANCE (RETOUR AU CALME)

- Toutes les séances doivent bénéficier d'un échauffement et d'une fin de séance (retour au calme) de qualité, pour éliminer les déchets produits par l'entraînement et permettre une meilleure récupération avant la séance suivante.

C'est un cercle vertueux : lorsqu'il est bien respecté, il permet de mieux progresser et d'assurer sa longévité dans la performance athlétique.

RÈGLES D'ALIMENTATION ET HYGIÈNE DE VIE

Pour prendre du muscle, pas de secret, il faut manger, mais correctement.

Ce programme d'entraînement est particulièrement intensif ; pour sa réussite, il faut respecter les règles suivantes :

- Apport glucidique conséquent (à chaque repas) ;
- Apport protéiné de 2 grammes/kg (160 g/jour pour un individu de 80 kg, en plusieurs prises) ;
- Fruits et légumes à volonté ;
- Éviter les lipides et les sucres ;
- Boire de l'eau tout au long de la journée (ne jamais avoir soif).

Le sommeil, c'est l'incontournable de la performance et de la longévité.

Pour prendre du muscle et récupérer correctement, il faut bien dormir !

On considère qu'un individu entraîné a besoin de 8 à 10 heures de sommeil par tranche de 24 heures.

Les heures de sommeil les plus réparatrices sont entre 20 h et minuit et entre 12 h et 16 h.

Il est donc bénéfique de se coucher tôt et/ou de faire la sieste.

▷ Exemple de bonne séquence de sommeil sur 24h :

Couché de 22 h à 06 h + sieste de 13 à 14 h ; soit 9 h de sommeil sur 24h.

PRÉSENTATION DÉTAILLÉE DU PROGRAMME

— 6 SÉANCES PAR SEMAINE —

➡ **Un programme sur une semaine avec 3 jours de récupération pour chaque groupe musculaire.** C'est le programme de musculation que j'ai mis au point entre août 2004 et août 2005, à l'époque où j'étais instructeur dans un centre d'entraînement commando à Djibouti. J'avais entre 31 ans et 32 ans et je pesais entre 87 et 90 kilos.

Il s'agit d'un programme d'entraînement purement sportif, et c'est celui auquel je m'astreignais personnellement. En revanche, l'entraînement « commando » n'a rien à voir : il consiste à courir, nager, être privé de sommeil ou de nourriture, combattre en corps-à-corps, faire des parcours d'audace (version plus aérienne du parcours du combattant, avec des câbles, des tyroliennes)...

Quand j'ai mis au point ce programme de musculation, j'avais plus de 15 années de service dans la Légion étrangère. **Étant plus ancien,** et gradé (adjudant), je disposais de plus de temps pour mes activités personnelles. **À cette époque, je m'entraînais de préférence en fin d'après-midi/début de soirée.** Ce qui est impossible en tant que stagiaire ! L'emploi du temps est rempli de minuit à minuit !

Quand on construit un programme de sport, on bâtit des séances qui sont orientées sur le groupe musculaire qu'on va solliciter. Personnellement, ça me convenait bien de commencer par les dorsaux et les biceps — de commencer la semaine avec des tractions, des épaulés et des sauts.

➡ **Mon but n'était pas de me spécialiser dans une discipline particulière, mais d'être très bon partout, performant.**

Si on augmente la charge, on travaille la force et la puissance. A retenir : la puissance, c'est la multiplication de la force par la vitesse.

Si on augmente le nombre de séries et de répétitions, le travail s'oriente alors sur les qualités physiques de l'endurance.

Il est tout à fait possible d'intervertir les séances 1 (Tirages) et 2 (Développés). Mais dans ce cas, il faudra également intervertir la séance 4 avec la séance 5.

➡ **En musculation, il ne faut jamais travailler les mêmes muscles d'un jour sur l'autre.** Par exemple, si on travaille les pectoraux avec des exercices comme le développé-couché, le lendemain, il ne faut pas faire de pompes : on laisse les muscles récupérer. Si on travaille les mêmes muscles tous les jours, on ne progresse pas et on risque de se blesser.

Dans ce programme, j'ai commencé avec une séance de tirage. La séance 2 est à dominante de développés ce qui permet de faire travailler d'autres groupes musculaires. Les groupes musculaires qui font l'action, ce sont les muscles agonistes ; les muscles opposés au mouvement, ce sont les antagonistes – par exemple le biceps est agoniste, le triceps est antagoniste.

Le jour 3, c'est footing, pour récupérer de l'ensemble des efforts fournis sur les jours 1 et 2.

« Il faut un minimum de 72 h de récupération pour des efforts de haute intensité »

Pour les jours 4 et 5, reprise du cycle jour 1 et 2 avec des exercices différents.

Ce qui fait trois jours de récupération entre deux séances de même type. Soit des délais de récupération corrects pour ces séances, qui sont intensives. En particulier pour les exercices de pliométrie – du type sauts. Pour des exercices de cette intensité, il faut un minimum de 72 heures de récupération avant de réitérer des efforts du même type. Si on ne laisse pas assez de temps de récupération c'est forcément préjudiciable, on risque la blessure, le muscle n'ayant pas eu le temps de se régénérer.

Même chose pour les tendons – ces « câbles » qui attachent le muscle à l'os. Quand on a une rupture du tendon, le muscle, n'étant plus attaché, devient inopérant et c'est obligatoirement l'opération chirurgicale.

Le tendon quant à lui gagne très peu en force et en souplesse, seulement de l'ordre de 15 % à 25 %. C'est essentiellement le muscle qui va gagner en force, en volume et en souplesse.

D'où l'importance capitale des échauffements bien exécutés pour mettre en ordre d'action cette chaîne tendino-musculaire.

Le dopage engendre souvent comme problématique que les muscles deviennent trop forts par rapport au tendon et entraînent des blessures, pouvant aller à la rupture tendineuse.

— ÉCHAUFFEMENT : 10 À 15 MINUTES MINIMUM —

➡ **Mouvements de mobilisations articulaires sur l'ensemble du corps.**

Une activité cardio de 5' (vélo, rameur, footing, corde à sauter...) est toujours la bienvenue.

Avant chaque exercice, faire des mouvements spécifiques à l'exercice en augmentant progressivement la charge.

Les étirements ne sont pas obligatoires, mais doivent être réalisés après les mouvements, de manière très douce et maintenus sur une durée de 6 à 10 secondes.

Personnellement, je commence chaque séance par des mouvements d'amplitude complète, rotations des bras, rotation des avant-bras sur les bras (échauffement du coude), rotations du bassin, balancement avant-arrière, rotation des genoux pieds serrés, rotation du talon autour de la pointe de pied plantée au sol...

Chacun choisit les mouvements qui lui conviennent, mais l'important, c'est cette sollicitation générale, articulaire et musculaire. C'est une mise en ambiance du corps.

— FIN DE SÉANCE : 5 À 10 MINUTES MINIMUM —

➡ **Le retour au calme doit s'effectuer par une baisse de l'activité en marchant quelques minutes** avec des mouvements respiratoires (inspirer en levant les bras, expirer en baissant les bras...).

Effectuer 2 à 3 passages d'étirement sur chaque groupe musculaire.

Chaque étirement doit être maintenu 20 à 30 secondes sans à-coup et sans forcer.

L'échauffement dure 10 à 15 minutes.

Et la séance dure entre 1 heure et 1 heure 15.

Avec le retour au calme et les temps de récupération, pour une séance complète, il faut tabler sur une durée moyenne de 1 heure 30.

— À L'ISSUE DES 6 SEMAINES —

➡ **Quand on termine le programme, accordez à l'organisme une phase de repos.**

Faire une semaine de décharge. C'est-à-dire une semaine d'entraînement à faible intensité, et rengager par la suite sur un autre cycle de 6 semaines.

Ce programme est renouvelable, on peut également repartir sur un autre programme pour travailler différemment.

L'ÉCHAUFFEMENT

Pour toute activité physique et sportive, il est absolument nécessaire de bien s'échauffer pour préparer au mieux le corps et l'organisme aux efforts qui vont leur être demandés.

Cela va permettre d'augmenter la température corporelle, optimiser la réponse à l'effort et aussi prévenir les blessures.

Tout échauffement doit commencer par des mouvements souples en amplitude complète afin de solliciter les articulations en profondeur ; puis activité cardio progressive et un échauffement musculaire spécifique.

D'une manière générale, on peut respecter le canevas suivant : Bras - jambes - tronc - cou - abdominaux.

Avant les séances de traction ou de développé, il faut un échauffement général : divers mouvements de rotation, talons-fesses, montées de genoux, circumductions (rotations articulaires) ...

— 1) BRAS —

Le bras proprement dit est situé entre les articulations de l'épaule et du coude (humérus) ; les muscles principaux sont le biceps, le triceps et le brachial antérieur.

L'avant-bras est situé entre les articulations du coude et du poignet (radius et cubitus) ; les muscles principaux sont le long supinateur, le grand palmaire, le petit palmaire et le cubital postérieur.

— MOUVEMENTS —

▷ Circumductions du bras : avant et arrière, bras tendu en position perpendiculaire au corps ;
▷ Flexions de l'avant-bras sur le bras ;
▷ Extensions du bras vers le haut ;
▷ Circumduction de l'avant-bras sur le bras ;
▷ Mouvements des poignets.

— 2) JAMBE —

La jambe proprement dite est située entre les articulations du genou et de la cheville (tibia et péroné/fibula) ; les muscles principaux sont le triceps sural, le soléaire et le jambier antérieur.

La cuisse est située entre les articulations de la hanche et du genou (fémur) ; les muscles principaux sont le quadriceps et les ischios-jambiers.

— MOUVEMENTS —

- Flexions des jambes avec talons-fesses ;
- Montées de genoux ;
- Circumduction des membres inférieurs avec la jambe fléchie ;
- Rotations des genoux ;
- Rotations des chevilles internes et externes ;
- Flexions-extensions des chevilles.

— 3) TRONC —

Muscles principaux : pectoraux, dorsaux et abdominaux.

— MOUVEMENTS —

- Circumductions du buste ;
- Circumductions du bassin ;
- Extensions latérales du buste.

— 4) COU —

Muscles principaux : sterno-cléido-mastoïdien, scalène et trapèze.

— MOUVEMENTS —

- Rotations latérales ;
- Flexions avant et arrière de la tête ;
- Circumductions de la tête.

— 5) ABDOMINAUX —

Les abdominaux sont constitués par 4 muscles : le grand droit de l'abdomen, les petits obliques, les grands obliques et le transverse (muscle profond).

— MOUVEMENTS —

- Au sol, exercices de relevés de jambes (alternés et groupés) ;
- Au sol, exercices de relevés de genoux (alternés et groupés) ;
- Au sol, exercices de relevés de buste, de crunch ;
- Au sol en appui facial, relevés de genoux (alternés et groupés) ;
- En suspension, relevés de genoux (alternés et groupés) ;
- En suspension, relevés de jambes (alternés et groupés).

GÉNÉRALITÉS SUR LES ÉTIREMENTS

LES ÉTIREMENTS ÉCHAUFFEMENT

— EN DÉBUT DE SÉANCE —

Après un échauffement musculaire de plusieurs minutes, mettre en tension modérée et progressive de 6 à 10 secondes, chaque groupe musculaire sollicité au cours de la séance.

Renouveler 2 à 3 fois par groupe musculaire.

LES ÉTIREMENTS RÉCUPÉRATION

— EN FIN DE SÉANCE —

À réaliser quelques minutes après le retour au calme.

Il faut profiter du fait que les tissus musculaires soient encore chauds.

Pour chaque muscle étiré, mise en tension progressive et modérée sur 5 à 10 secondes.

Augmenter progressivement l'amplitude de l'étirement jusqu'à une nouvelle tension et maintenir celle-ci sur une durée de 20 à 30 secondes.

Le relâchement de l'étirement doit se faire en parfaite maîtrise.

Étirer 2 à 3 fois chaque groupe musculaire.

Ce travail va permettre une meilleure élimination de l'acide lactique (déchet produit par le travail musculaire), favorisant ainsi une récupération plus rapide.

LES ÉTIREMENTS ASSOUPLISSEMENT

— GAIN DE SOUPLESSE —

Ce travail s'effectue en dehors d'une séance d'entraînement, car c'est une séance à part entière. Toujours après un échauffement préalable.

Pour chaque muscle étiré, mise en tension progressive et modérée sur 5 à 10 secondes.

Augmenter progressivement l'amplitude de l'étirement jusqu'à sentir une nouvelle tension et maintenir celle-ci sur une durée de 1 à 1 min.30. Le relâchement de l'étirement doit se faire en parfaite maîtrise du mouvement.

Progressivement, sans douleur, augmenter l'amplitude de l'étirement à chaque répétition.

Étirer 3 à 5 fois chaque groupe musculaire.

Ce travail permet de gagner progressivement de l'amplitude.

Une plus grande souplesse permet un meilleur rendement musculaire.

➡ Ne jamais réaliser d'étirement à froid

Toute mise en tension et retour de mise en tension musculaire doit se faire avec une maîtrise totale et progressive du mouvement, pour éviter tout risque de lésion des fibres musculaires.

ABRÉVIATIONS ET DÉFINITIONS

3 x 5 : 3 séries de 5 répétitions
' : minute
" : seconde
RIS : Récupération inter séries (du même exercice)
RIE : Récupération inter exercices (entre 2 exercices différents)

	Séance 1	Séance 2	Séance 3
Semaine 1	Tractions	Développé-couché	Footing 40’
	Épaulés	Pull-over	
	Sauts groupés	L’oiseau (assis)	
	Rowings buste penché	Pompes	
	Curls d’1 bras au pupitre	Abdominaux	
Semaine 2	Tractions	Dév-couché avec haltères	Footing 30’
	Épaulés	Pull-over	
	Sauts groupés	L’oiseau (assis)	
	Rowings d’1 bras avec haltère	Pompes	
	Curls d’1 bras au pupitre	Abdominaux	
Semaine 3	Tractions	Développé-couché	Footing 45’
	Épaulés	Pull-over	
	Sauts groupés	L’oiseau (assis)	
	Rowings buste penché	Pompes	
	Curls d’1 bras au pupitre	Abdominaux	
Semaine 4	Tractions	Dév-couché avec haltères	Footing 30’
	Épaulés	Pull-over	
	Sauts groupés	L’oiseau (assis)	
	Rowings buste penché	Pompes	
	Curls d’1 bras au pupitre	Abdominaux	
Semaine 5	Tractions	Développé-couché	Footing 45’
	Épaulés	Pull-over	
	Sauts groupés	L’oiseau (assis)	
	Rowings d’1 bras avec haltère	Pompes	
	Curls d’1 bras au pupitre	Abdominaux	
Semaine 6	Tractions	Développé-couché	Footing 30’
	Épaulés	Pull-over	
	Sauts groupés	L’oiseau (assis)	
	Rowings d’1 bras avec haltère	Pompes	
	Curls d’1 bras au pupitre	Abdominaux	

Séance 4	Séance 5	Séance 6
Grimpés de corde	Développé-couché (force)	Alternance d'allure
Arrachés	Dips	
Rowings au menton	Butterfly	
Curls barre en Z prise inversée	Pompes ATR	
Développé-militaire	Abdominaux	
Grimpés de corde	Développé-couché (force)	Fractionné 10 x 200 m
Arrachés d'1 bras avec haltères	Dips	
Rowings au menton	Butterfly	
Curls barre en Z prise inversée	Pompes ATR	
Développé-militaire	Abdominaux	
Grimpés de corde	Développé-couché (force)	Alternance d'allure
Arrachés	Dips	
Rowings au menton	Butterfly	
Curls barre en Z prise inversée	Pompes ATR	
Développé-militaire	Abdominaux	
Grimpés de corde	Développé-couché (force)	Fractionné 10 x 300 m
Arrachés d'1 bras avec haltères	Dips	
Rowings au menton	Butterfly	
Curls barre en Z prise inversée	Pompes ATR	
Développé-militaire	Abdominaux	
Grimpés de corde	Développé-couché (force)	Alternance d'allure
Arrachés	Dips	
Rowings au menton	Butterfly	
Curls barre en Z prise inversée	Pompes ATR	
Développé-militaire	Abdominaux	
Grimpés de corde	Développé-couché (force)	Fractionné 10 x 300 m
Arrachés d'1 bras avec haltères	Dips	
Rowings au menton	Butterfly	
Curls barre en Z prise inversée	Pompes ATR	
Développé-militaire	Abdominaux	

Retrouvez les vidéos des exercices en ligne

www.lienmini.fr/61003-seance1

ABRÉVIATIONS ET DÉFINITIONS

3 x 5 : 3 séries de 5 répétitions
' : minute
" : seconde
RIS : Récupération inter séries (du même exercice)
RIE : Récupération inter exercices (entre 2 exercices différents)

SÉANCE 1

MUSCULATION GÉNÉRALISÉE ORIENTÉE TIRAGES

Cette séance (tirages) va permettre de renforcer les groupes musculaires qui sont responsables de tout ce qui est « rétropulsion » des bras, c'est-à-dire les tirages verticaux, horizontaux, les rowings et les tractions.

- Les muscles principalement sollicités sont l'ensemble du dos dont essentiellement les dorsaux ainsi que les muscles des bras dont le biceps brachial.
- Les sauts groupés, c'est de la pliométrie, pour l'explosivité des jambes.
- Dans les rowings, on tire une charge de bas en haut ; en position debout pour les rowings au menton, en position penché vers l'avant pour les rowings buste penché.
- Les curls, c'est la flexion des avant-bras sur les bras, essentiellement pour travailler les biceps et les muscles responsables de cette flexion.

Les poids et les charges sont à adapter au niveau de chacun.

EN FIN DE SÉANCE

- Retour au calme par une activité à faible intensité, vélo ou marche 4 à 6 minutes.
- Étirements de l'ensemble des groupes musculaires sollicités au cours de l'entraînement.
- Suspensions à la barre fixe.

SÉANCE 1
EXERCICE 1

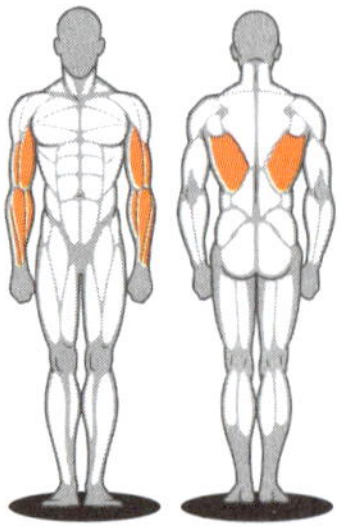

TRACTIONS

- **Alterner 1 série de 10 répétitions (1 x 10)** (nuque et menton)
- **Effectuer une récupération inter exercices (RIE) : 2'**
- **Effectuer 4 séries de 6 répétitions** avec lest de 10 kg, récupération inter séries (RIS) 1'30''
- **RIE :** 3' à 4' (échauffement spécifique à l'exercice suivant)

SÉANCE 1

EXERCICE 2

ÉPAULÉS

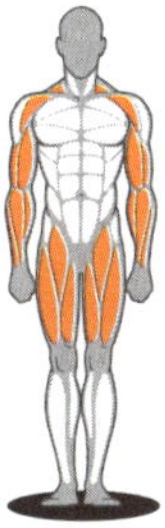

- **Effectuer 1 série de 5 répétitions (1 x 5)** à 60 kg ;
- **Effectuer 3 × 3** à 80 kg ;
- **Effectuer 1 × 5** à 60 kg / **RIS :** 1'30''
- **RIE :** 3' à 4' (échauffement spécifique à l'exercice suivant)

SÉANCE 1
EXERCICE 3

L M M J V S D
Semaines 1 à 6

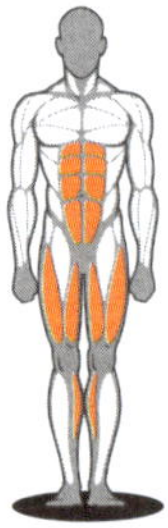

SAUTS GROUPÉS

- ▷ **Effectuer 4 séries de 6 répétitions** / RIS 1' à 1'30"
- ▷ **RIE :** 3' à 4' (échauffement spécifique à l'exercice suivant)

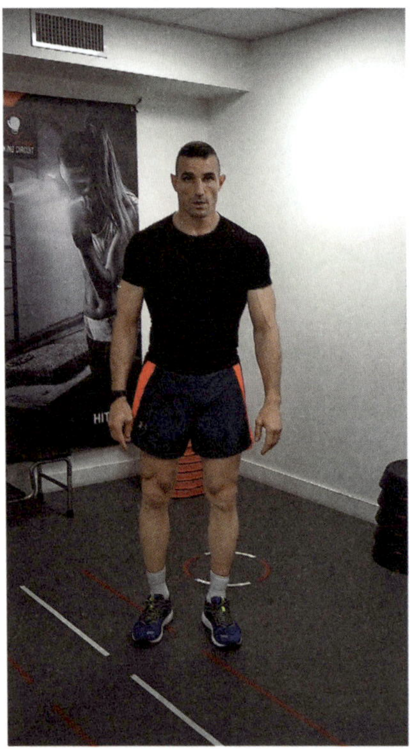

SÉANCE 1
EXERCICE 4

En alternance d'une semaine sur l'autre

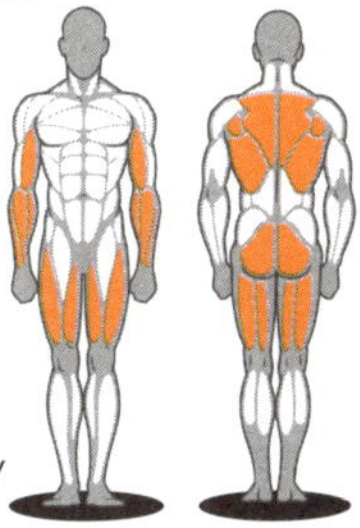

ROWINGS

Rowings buste penché — Semaines 1, 3, 5

▷ **Effectuer 4 séries de 8 répétitions** entre 80 kg et 100 kg / **RIS :** 1'30'' à 2'

▷ **RIE :** 3' à 4' (échauffement spécifique à l'exercice suivant)

Rowings d'1 bras avec haltère — Semaines 2, 4, 6

▷ **Effectuer 4 séries de 8 répétitions** entre 30 kg et 40 kg / RIS 1'30''

▷ **RIE :** 3' à 4' (échauffement spécifique à l'exercice suivant)

SÉANCE 1
EXERCICE 5

L M M J V S D
Semaines 1 à 6

CURLS D'UN BRAS AU PUPITRE

▷ **Effectuer 4 séries de 6 répétitions** entre 15 kg et 20 kg / **RIS :** 1' à 2'

▷ Alterner bras droit, bras gauche (1 série de chaque bras, puis récupération de 1 à 2 minutes)

Retour au calme : étirements souples

GRILLE D'ENTRAÎNEMENT

Retrouvez les vidéos des exercices en ligne

www.lienmini.fr/61003-seance2

ABRÉVIATIONS ET DÉFINITIONS

3 x 5 : 3 séries de 5 répétitions
' : minute
" : seconde
RIS : Récupération inter séries (du même exercice)
RIE : Récupération inter exercices (entre 2 exercices différents)

SÉANCE 2

MUSCULATION GÉNÉRALISÉE ORIENTÉE DÉVELOPPÉS

Cette séance (développés) va permettre de renforcer les groupes musculaires qui sont responsables de tout ce qui est mouvement de poussées et d'extension des bras, c'est-à-dire les développés.

- ▷ Les muscles principalement sollicités sont les pectoraux, les deltoïdes et les triceps.
- ▷ En final, réaliser une séance d'abdominaux avec quelques exercices.
- ▷ Les poids et les charges sont à adapter au niveau de chacun.

EN FIN DE SÉANCE

- ▷ Retour au calme par une activité à faible intensité, vélo ou marche 4 à 6 minutes.
- ▷ Étirements de l'ensemble des groupes musculaires sollicités au cours de l'entraînement.
- ▷ Suspensions à la barre fixe.

SÉANCE 2
EXERCICE 1

En alternance d'une semaine sur l'autre

DÉVELOPPÉ COUCHÉ

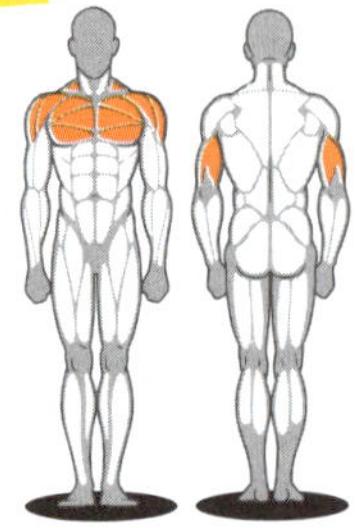

Développé-couché — Semaines 1, 3, 5

- **Effectuer 4 séries de 8 répétitions (4 x 8)** à 100 kg
- **Effectuer 2 × 10** à 80 kg / **RIS (Récupération inter séances) :** 2'30'' à 3'
- **RIE (Récupération inter exercices) :** 3' à 4' (échauffement spécifique à l'exercice suivant)

Développé-couché avec haltères — Semaines 2, 4, 6

- **Effectuer 4 × 8** entre 32 kg et 40 kg par haltère
- **Effectuer 2 × 10** entre 22 kg et 25 kg par haltère / **RIS :** 2'30'' à 3'
- **RIE :** 3' à 4' (échauffement spécifique à l'exercice suivant)

SÉANCE 2

EXERCICE 2

En alternance d'une semaine sur l'autre

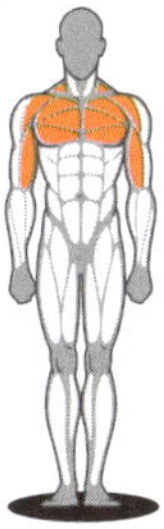

PULL-OVER

Pull-over avec barre droite — Semaines 1, 3, 5

- **Effectuer 4 séries de 6 répétitions (4 x 6)** à 50 kg **/ RIS :** 1'30'' à 2'
- **RIE :** 3' à 4' (échauffement spécifique à l'exercice suivant)

Pull-over avec barre en Z — Semaines 2, 4, 6

- **Effectuer 4 × 6** à 50 kg / **RIS :** 1'30'' à 2'
- **RIE :** 3' à 4' (échauffement spécifique à l'exercice suivant)

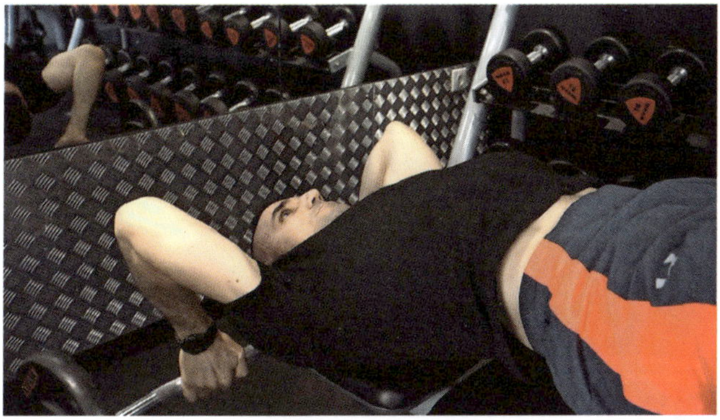

SÉANCE 2 EXERCICE 3

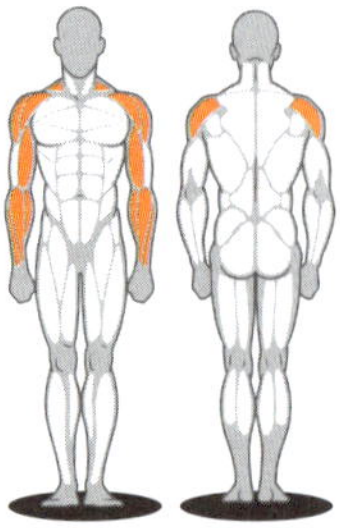

L'OISEAU

- **Effectuer 4 séries de 10 répétitions (4 x 10)** avec 2 × 12 kg à 15 kg / **RIS :** 1'
- **RIE :** 3' à 4' (échauffement spécifique à l'exercice suivant)

SÉANCE 2
EXERCICE 4

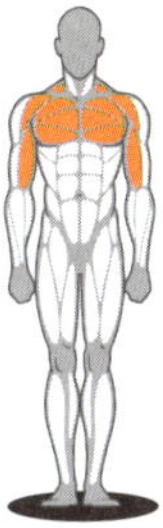

POMPES
(SUR LES POINGS)

- **Effectuer 3 séries de 20 répétitions (3 x 20) à 25 / RIS :** 1'30''
- **RIE :** 3' à 4' (échauffement spécifique à l'exercice suivant)

SÉANCE 2
EXERCICE 5

ABDOMINAUX

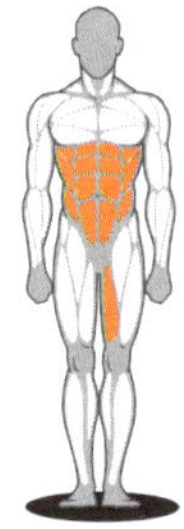

Cross Crunch

- **Effectuer 3 séries de 60 répétitions (3 x 60)** (30 à droite, 30 à gauche) sans récupération
- **Effectuer des relevés de buste au sol (pieds non tenus) : 4 × 20** / **RIS :** 45''
- **Effectuer des relevés de jambes au sol : 3 × 30** / **RIS :** 45''

- **RIE :** 1'30''

Retour au calme : étirements souples

GRILLE D'ENTRAÎNEMENT

ABRÉVIATIONS ET DÉFINITIONS

3 x 5 : 3 séries de 5 répétitions
' : minute
" : seconde
RIS : Récupération inter séries (du même exercice)
RIE : Récupération inter exercices (entre 2 exercices différents)

SÉANCE 3

LES COURSES FOOTING AVEC CHANGEMENTS DE FOULÉE

Au cours de cette séance, il s'agit de courir à un rythme assez régulier, avec des changements de foulée, sans pour autant changer la cadence. C'est simplement pour avoir une sensation différente. La séance doit s'effectuer en parfaite aisance respiratoire : on ne doit jamais être en souffrance. Le fait de pouvoir converser en courant est un signe de parfaite aisance.

- Pour le footing, l'idéal, c'est un parcours à peine vallonné.
- Il faut garder des réserves pour le fractionné qu'on va effectuer dans 3 jours.

FOOTING AVEC CHANGEMENTS DE FOULÉE

ÉCHAUFFEMENT : 5' À 10'

▷ Effectuer des mouvements articulaires et des étirements doux.

▷ Les étirements ne sont pas obligatoires ; ils doivent être réalisés après les mouvements de manière très douce, et maintenus sur une durée de 6'' à 10''.

FOOTING :

▷ Effectuer un footing avec des changements de rythme (varier l'allure) et des changements de foulées (allonger et réduire l'amplitude de la foulée sur des séquences de 100 m à 200 m).

▷ Conserver une parfaite aisance respiratoire.

Semaine 1 / Footing 40'
Semaine 2 / Footing 30'
Semaine 3 / Footing 45'
Semaine 4 / Footing 30'
Semaine 5 / Footing 45'
Semaine 6 / Footing 30'

EN FIN DE SÉANCE : 10'

▷ Effectuer des étirements souples.

Alterner la durée des footings en fonction de son état de forme du moment. Dans tous les cas, ne pas dépasser 45' de durée de course pour ce programme d'entraînement qui ne cible pas l'endurance en général.

GRILLE D'ENTRAÎNEMENT

Retrouvez les vidéos des exercices en ligne

www.lienmini.fr/61003-seance4

ABRÉVIATIONS ET DÉFINITIONS

3 x 5 : 3 séries de 5 répétitions
' : minute
" : seconde
RIS : Récupération inter séries (du même exercice)
RIE : Récupération inter exercices (entre 2 exercices différents)

SÉANCE 4

MUSCULATION GÉNÉRALISÉE ORIENTÉE TIRAGES

Cette séance (développés) va permettre de renforcer les groupes musculaires qui sont responsables de tout ce qui est mouvement de poussées et d'extension des bras, c'est-à-dire les développés.

- Les muscles principalement sollicités sont les pectoraux, les deltoïdes et les triceps.
- En final, réaliser une séance d'abdominaux avec quelques exercices.
- Les poids et les charges sont à adapter au niveau de chacun.

EN FIN DE SÉANCE

- Retour au calme par une activité à faible intensité, vélo ou marche 4 à 6 minutes.
- Étirements de l'ensemble des groupes musculaires sollicités au cours de l'entraînement.
- Suspensions à la barre fixe.

SÉANCE 4

EXERCICE 1

GRIMPER DE CORDE BRAS SEULS

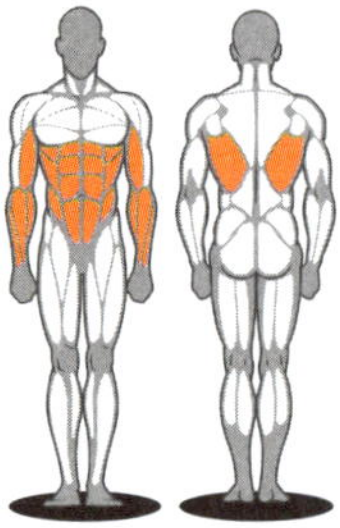

Si la corde mesure 5 m effectifs, 6 m 50 sol

▷ **Effectuer 6 grimpés de corde** / **RIS (Récupération inter séances)** : 1'30'' à 2'

Si la corde mesure 3,50 m effectifs, 5 m sol

▷ **Effectuer 8 grimpés de corde** / **RIS :** 1'30'' à 2'

▷ **RIE (Récupération inter exercices) :** 3' à 4' (échauffement spécifique à l'exercice suivant)

SÉANCE 4
EXERCICE 2

En alternance d'une semaine sur l'autre

ARRACHÉ

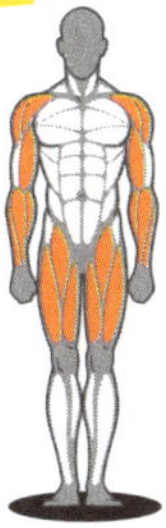

Arraché Semaines 1, 3, 5

- **Effectuer 1 série de 5 répétitions (1 x 5)** à 50 kg ; **5 × 3** entre 60 et 70 kg ; **1 × 5** à 50 kg/
  RIS : entre 2' à 2'30''

Arraché d'1 bras avec haltère Semaines 2, 4, 6

- **Effectuer 1 × 5** à 25 kg ; **5 × 3** entre 32 et 40 kg ; **1 × 5** à 25 kg/
  RIS : entre 2' à 2'30''
- **RIE :** 3' à 4' (échauffement spécifique à l'exercice suivant)

SÉANCE 4
EXERCICE 3

ROWINGS

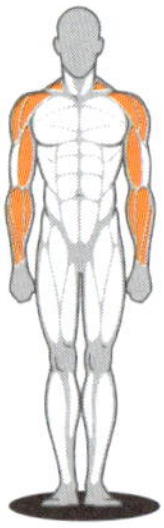

Rowings au menton Semaines 1, 3, 5

- **Effectuer 4 séries de 8 répétitions (4 x 8)** entre 30 kg et 40 kg / RIS 1' à 1'30''
- **RIE :** 3' à 4' (échauffement spécifique à l'exercice suivant)

SÉANCE 4
EXERCICE 4

CURLS BARRE EN Z

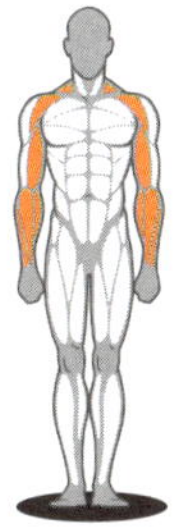

- Effectuer 4 séries de 6 répétitions (4 x 6) entre 30 kg et 40 kg / RIS : 1' à 1'30"
- **RIE :** 3' à 4' (échauffement spécifique à l'exercice suivant)

EXERCICE 5

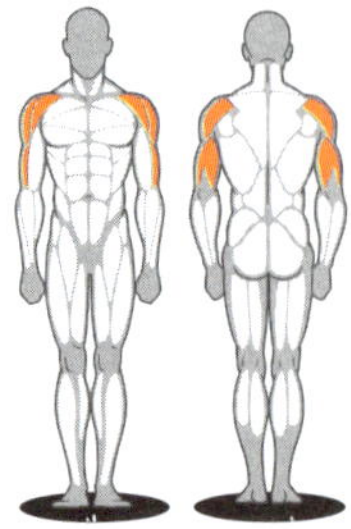

DÉVELOPPÉ MILITAIRE

▷ **Effectuer 4 séries de 6 répétitions (4 x 6)** entre 30 kg et 40 kg /
RIS : 1' à 1'30''

Retour au calme : étirements souples

GRILLE D'ENTRAÎNEMENT

Retrouvez les vidéos des exercices en ligne

www.lienmini.fr/61003-seance5

ABRÉVIATIONS ET DÉFINITIONS

3 x 5 : 3 séries de 5 répétitions
' : minute
" : seconde
RIS : Récupération inter séries (du même exercice)
RIE : Récupération inter exercices (entre 2 exercices différents)

SÉANCE 5

MUSCULATION GÉNÉRALISÉE ORIENTÉE DÉVELOPPÉS

Cette séance (développés) va permettre de renforcer les groupes musculaires qui sont responsables de tout ce qui est mouvement de poussées et d'extension des bras, c'est-à-dire les développés.

▷ Les muscles principalement sollicités sont les pectoraux, les deltoïdes et les triceps.

Dans l'exercice du développé-couché, l'objectif est de développer la force.

Donc les charges seront plus lourdes avec des temps de récupération plus importants.

Il est intéressant de connaître son maximum sur cet exercice pour travailler en pourcentage de la charge maximale.

▷ En final, réaliser une séance d'abdominaux avec quelques exercices.

▷ Les poids et les charges sont à adapter au niveau de chacun.

EN FIN DE SÉANCE

▷ Retour au calme par une activité à faible intensité, vélo ou marche 4 à 6 minutes.

▷ Étirements de l'ensemble des groupes musculaires sollicités au cours de l'entraînement.

▷ Suspensions à la barre fixe.

SÉANCE 5

EXERCICE 1

DÉVELOPPÉ-COUCHÉ : FORCE

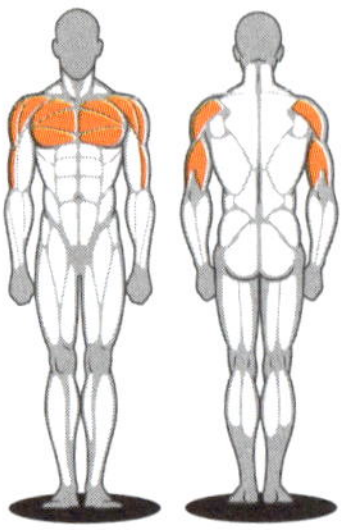

▷ **Effectuer 5 séries de 3 répétitions (5 x 3)** à 90 %

▷ **Effectuer 1 × 12** à 60 % / **RIS (Récupération inter séances)** : 4' à 5'

▷ **RIE (Récupération inter exercices) :** 3' à 4' (échauffement spécifique à l'exercice suivant)

SÉANCE 5
EXERCICE 2

DIPS LESTÉS

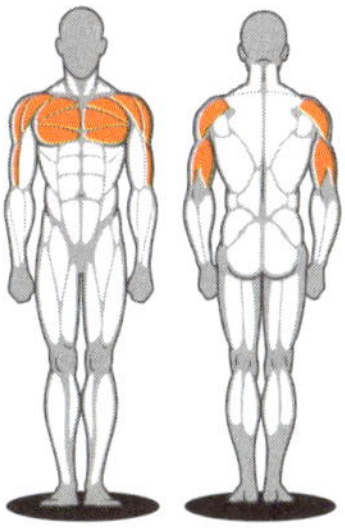

Arraché Semaines 1, 3, 5

- **Effectuer 4 séries de 12 répétitions** avec lest entre 15 kg et 20 kg / **RIS :** 2' à 3'

- **RIE :** 3' à 4' (échauffement spécifique à l'exercice suivant)

SÉANCE 5

EXERCICE 3

BUTTERFLY

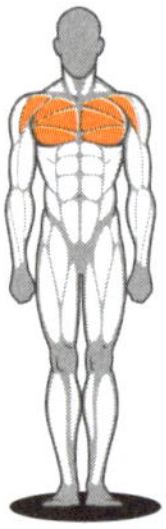

▷ **Effectuer 3 séries de 12 répétitions** charge libre

▷ **RIE :** 3' à 4' (échauffement spécifique à l'exercice suivant)

SÉANCE 5 EXERCICE 4

POMPES ATR (EN ÉQUILIBRE CONTRE UN MUR)

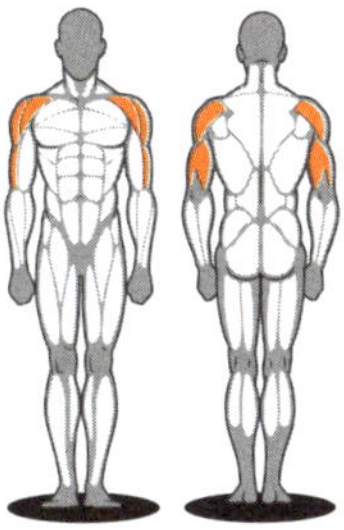

- **Effectuer 4 séries de 6 répétitions / RIS : 1'30"**
- **RIE :** 3' à 4' (échauffement spécifique à l'exercice suivant)

SÉANCE 5
EXERCICE 5

ABDOMINAUX

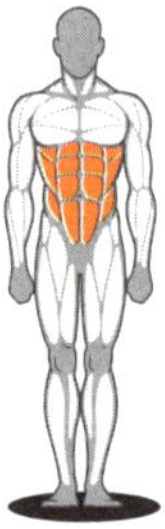

▷ **Effectuer des abdominaux pendant 10’ à 15’** avec des exercices sollicitant l’ensemble de la sangle abdominale

Retour au calme : étirements souples

GRILLE D'ENTRAÎNEMENT

ABRÉVIATIONS ET DÉFINITIONS

3 x 5 : 3 séries de 5 répétitions
' : minute
" : seconde
RIS : Récupération inter séries (du même exercice)
RIE : Récupération inter exercices (entre 2 exercices différents)

SÉANCE 6

LES COURSES L'ALTERNANCE D'ALLURE ET LE FRACTIONNÉ

Cette forme de travail va permettre de développer les qualités physiques liées à cet entraînement :

- Organiques : endurance et résistance générale ;
- Musculaires : puissance, souplesse, endurance et résistance locale ;
- Perceptivo-cinétiques : rapidité de réaction, vitesse de mouvement, justesse motrice et corporelle.

Ce qu'il faut savoir, c'est que plus on sprinte, plus on est sur les pointes de pied. Plus on cherche à aller vite, plus on va réduire la foulée. Par rapport à un sprinteur, le coureur de demi-fond allonge la foulée. Le sprinteur pousse beaucoup plus sur le pied. Dans une foulée décontractée, on déroule : talon-pointe, talon-pointe...

CONSIGNES GÉNÉRALES À TOUTES LES SÉANCES

ÉCHAUFFEMENT : 30'

▷ Effectuer des mouvements articulaires.

▷ Effectuer un footing souple pendant 20'.

À l'issue du footing, marcher et faire 2 à 3 séries d'accélérations progressives sur 20 m à 30 m. L'allure de ces accélérations est légèrement supérieure à la cadence de la séance, c'est ce qu'on appelle le travail de survitesse.

▷ Les étirements à l'issue de cet échauffement doivent être réalisés de manière douce et maintenus sur une durée de 6'' à 10''.

RETOUR AU CALME (FIN DE SÉANCE) : 10' À 15'

▷ 10' de footing lent.

▷ Effectuer des étirements

▷ Essayer de faire le footing de retour au calme sur un sol meuble (type pelouse).

▷ Effectuer 2 à 3 passages d'étirement sur chaque groupe musculaire. Chaque étirement doit être maintenu 20'' à 30'' sans à-coup et sans forcer.

SÉANCE 6
LES COURSES

L'alternance d'allure et le fractionné

Semaine 1 / Alternance d'allure

ÉCHAUFFEMENT : 30'

Alternance d'allure : ▷ Effectuer **1** série de **10 x 30''** de course avec **30''** de récupération au trot léger.
▷ L'allure des 30'' doit être au-dessus du rythme de course classique.
▷ Distance préconisée : entre 150 m et 160 m.

RETOUR AU CALME : 10' À 15'

Semaine 2 / Fractionné

ÉCHAUFFEMENT : 30'

Fractionné : ▷ Effectuer **10** séries de **200 m** avec **30'' à 45''** de récupération.
▷ La récupération de 30''à 45'' se fait au trot ou en marchant.
▷ Le temps de récupération est à adapter en fonction des sensations.

RETOUR AU CALME : 10' À 15'

SÉANCE 6
LES COURSES

L'alternance d'allure et le fractionné

Semaine 3 / Alternance d'allure

ÉCHAUFFEMENT : 30'

Alternance d'allure :
- ▷ Effectuer **3** séries de **8 fois 30''** de course avec **30''** de récupération au trot léger.
- ▷ Effectuer 3' de récupération entre chaque série de 8 x 30'' (petit trot ou marche)
- ▷ L'allure des 30'' doit être au-dessus du rythme de course classique.
- ▷ Distance préconisée : entre 150 m et 160 m.

RETOUR AU CALME : 10' À 15'

Semaine 4 / Fractionné

ÉCHAUFFEMENT : 30'

Fractionné :
- ▷ Effectuer **10** séries de **300 m** avec **45'' à 1'** de récupération.
- ▷ La récupération de 45'' se fait au trot ou en marchant.
- ▷ Le temps de récupération est à adapter en fonction des sensations.

RETOUR AU CALME : 10' À 15'

SÉANCE 6
LES COURSES

L'alternance d'allure et le fractionné

Semaine 5 / Alternance d'allure

ÉCHAUFFEMENT : 30'

Alternance d'allure : ▷ Effectuer **3** séries de **10 fois 30''** de course, avec **30''**de récupération
au trot léger.
▷ Effectuer 3' de récupération entre chaque série de 10x30'' (petit trot ou marche).
▷ L'allure des 30'' doit être au-dessus du rythme de course classique.
▷ Distance préconisée : entre 150 m et 160 m.

RETOUR AU CALME : 10' À 15'

Semaine 6 / Fractionné

ÉCHAUFFEMENT : 30'

Fractionné : ▷ Effectuer **10** séries de **300 m** avec **45'' à 1'** de récupération.
▷ La récupération de 45'' se fait au trot ou en marchant.
▷ Le temps de récupération est à adapter en fonction des sensations.

RETOUR AU CALME : 10' À 15'

Retrouvez les vidéos
des exercices en ligne

www.lienmini.fr/61003-seanceabdo

ABRÉVIATIONS ET DÉFINITIONS

3 x 5 : 3 séries de 5 répétitions
' : minute
" : seconde
RIS : Récupération inter séries (du même exercice)
RIE : Récupération inter exercices (entre 2 exercices différents)

BONUS

2 SÉANCES D'ABDOMINAUX

Les abdominaux, l'incontournable de tous les programmes d'entraînement !

Chaque exercice permet de cibler une zone abdominale.

- Les exercices de relevés de genoux ou de jambes vont permettre de solliciter la partie sous-ombilicale (en dessous du nombril).
- Les exercices de relevés de buste vont permettre de solliciter la partie sus-ombilicale (au-dessus du nombril).
- Les rotations type cross-crunch ou avec bâton vont permettre de solliciter les petits et les grands obliques (les latéraux des abdominaux).
- Le gainage va permettre de solliciter le transverse, le muscle profond des abdominaux.

Pour les rotations avec bâton : position assise ou debout, garder le dos droit, le bâton posé sur les épaules, effectuer les rotations latérales sans engager le rachis. Garder les abdominaux contractés lors de l'exercice.

BONUS
LES ABDOS

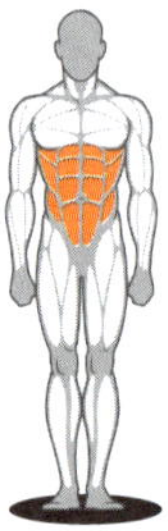

Si on souhaite travailler plus particulièrement ses abdominaux, voici un programme d'entraînement spécifique, qui peut être suivi à raison de 2 séances de 20' à 25' par semaine avec 3 jours de récupération entre les deux.

Exemple : lundi-jeudi ; mardi-vendredi ; mercredi-samedi ...

On peut suivre cet entraînement indépendamment du reste du programme détaillé dans ce livre.

Séance 1 / 20' à 25'

▷ **Cross Crunch :** Effectuer 3 séries de 30 répétitions (3 x 30) (30 à droite, 30 à gauche) sans récupération,

▷ **Relevés de buste au sol** (pieds non tenus) : 5 × 20 / **RIS (Récupération inter séances)** : 45'',

▷ **Relevés de jambes au sol :** 4 × 30 / **RIS :** 45'',

▷ **RIE (Récupération inter exercices) :** 1'30'' à 2'

ENCHAINER LES 3 EXERCICES

× 3/ RIS : 1'

▷ **Crunch :** 20

▷ **Relevés de genoux au sol :** 20

▷ **Cross Crunch :** 40

▷ **RIE :** 1'30'' à 2'

▷ **Rotation avec bâton :** 3 × 100 / **RIS :** 30''

Séance 2 / 20' à 25'

▷ **Cross Crunch alternés :** Effectuer 3 séries de 60 répétitions (30 de chaque côté) / **RIS :** 30''

ENCHAINER LES 2 EXERCICES

×4 / RIS : 1'

▷ **Relevés de genoux sur accoudoir :** 25

▷ **Crunch pieds bloqués :** 25

▷ **RIE :** 1'30'' à 2'

▷ **Gainage :** 3 × 2' / **RIS :** 30''
(alterner de côté toutes les 30'').

Les 2' de gainage sont découpées en 4 x 30'' :

30'' en planche ;
30'' sur le côté droit ;
30'' sur le côté gauche ;
30'' en planche.

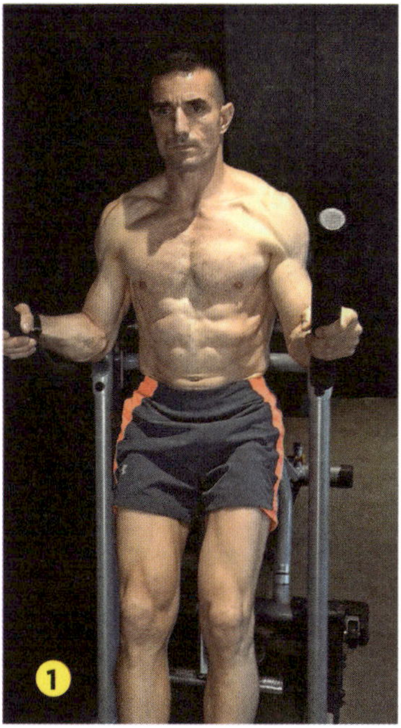
1

2

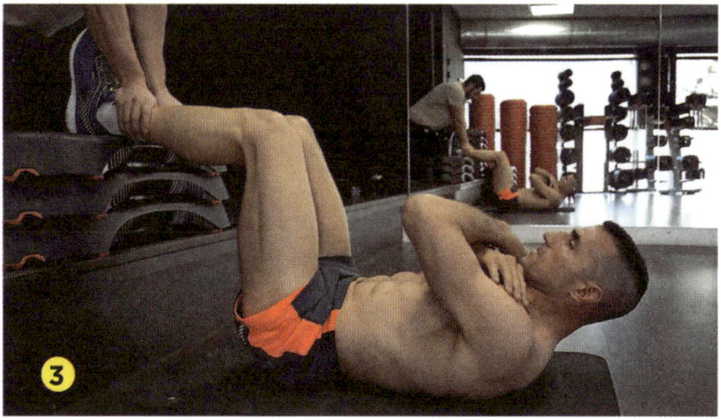
3

SOMMAIRE

Achevé d'imprimer en Janvier 2025, par l'imprimerie L&C PRINTING GROUP – Pologne
Dépôt légal : Janvier 2025
Numéro d'éditeur : DBSSI20230684